Fais-nous rire!

Envoie-nous ta meilleure blague.
Qui sait? Elle pourrait être publiée
dans un prochain numéro des
100 BLAGUES! ET PLUS...

100 Blagues! et plus...
Éditions Scholastic
604, rue King Ouest
Toronto (Ontario)
M5V 1E1

Au plaisir de te lire!

Solutions

CHARADES

VRAI OU FOU?

Page 19

1- Vrai

2- Fou. C'est un poisson très prisé au Japon.

3- Fou. Qui a la forme d'un pétale.

VRAI OU FOU?

Page 70

1- Vrai

2- Fou. Il s'agit d'un défaut de surface, d'un éclat enlevé d'un bloc de pierre, par exemple.

3- Fou. C'est une pâtisserie au fromage.

Plus on dort, plus on grandit! C'est la nuit que le corps sécrète le plus d'hormones de croissance.

Mon premier s'obtient en mélangeant du noir et du blanc.

Mon deuxième tient les voiles du bateau.

Mon troisième est la deuxième consonne de l'alphabet.

Mon tout est impoli.

Plus de 50 000 $ à la poubelle!
Par accident, un Australien a jeté
un sac-poubelle qui contenait les bijoux
de sa femme et des lingots d'or.
Le trésor avait été placé dans
le sac pour ne pas tenter les voleurs.

Les Chinois ne célèbrent pas mon premier le 1er janvier.

Mon deuxième est une unité de mesure équivalente à mille kilos.

Mon troisième est le contraire de blanc.

Mon tout permet de verser un liquide dans un contenant à petite ouverture.

●●●●●●●●●●●●●●●●●●●●●●●●●●●●●●

Un homme entre au théâtre pour y acheter des billets.

- Bonjour, j'aimerais acheter deux billets.

- Bien sûr, monsieur. C'est pour *Roméo et Juliette?*

- Euh, non… Moi, c'est Hugo et ma femme c'est Lisette.

Un Montréalais du nom de
Jean Béliveau a fait le tour du
monde à pied pour promouvoir la paix.
Son aventure a duré 11 ans. Il a
traversé 64 pays et parcouru plus
de 75 000 km!

QUELLE SORTE DE COUP FAIT PLUS DE BIEN QUE DE MAL?

RÉPONSE : LE COUP DE FOUDRE.

Mon premier s'obtient en mélangeant du bleu et du jaune.

Mon second est apposé pour rendre un document officiel.

Mon tout est un signe astrologique.

En revenant à la maison après son premier jour d'école, une petite fille raconte à sa mère :

- Je me suis fait un nouvel ami! Il vient du Portugal.

- Ah bon! Et tu sais où se trouve le Portugal?

- Non, mais je suis certaine que ce n'est pas très loin. Il rentre à la maison à pied...

- Comment avez-vous pu laisser le voleur filer? demande le chef de police à ses agents. Je vous avais pourtant dit qu'il fallait bien surveiller toutes les sorties!

- C'est ce qu'on a fait, chef, mais on n'a pas surveillé l'entrée...

QUELLE EST LA DIFFÉRENCE ENTRE L'ÉCOLE ET LA TOILETTE?

RÉPONSE : AUCUNE. QUAND ON EN SORT, ON EST SOULAGÉ.

Au restaurant, une femme demande au serveur :

- Que fait cet insecte dégoûtant dans mon verre, monsieur?

- Euh… On dirait qu'il veut apprendre à nager, madame.

• •

À la piscine municipale, le maître nageur s'approche d'une dame :

- Je suis désolé, madame, mais il est interdit de porter un maillot de bain deux pièces.

- Je peux porter une seule pièce, mais laquelle des deux me suggérez-vous d'enlever?

13

En 2008, un rassemblement
sur le thème de Superman a eu lieu à
Metropolis, dans l'État de l'Illinois aux
États-Unis. Au total, 122 personnes
déguisées en Superman s'y sont présentées

La même année, plus de
1 250 personnes déguisées en
Schtroumpfs ont défilé dans la ville
de Castleblayney, en Irlande.

- J'ai un petit creux, dit Louise à son amie. Je mangerais bien un gâteau.

- J'en ai fait un hier, répond Aline. Voici la recette :

Tu mélanges deux tasses de farine, deux cuillers à soupe de cacao, une tasse de sucre, un peu de levure et une pincée de sel. Tu ajoutes ensuite quatre œufs, du bacon coupé en petits morceaux et une demi-tasse d'huile d'olive. Après avoir bien mélangé, tu mets la pâte dans le moule... Trente minutes plus tard, ton gâteau est prêt!

- Je ne suis pas certaine pour l'huile d'olive et pour le bacon... commente Louise.

- C'est ce que dit la recette! réplique Aline. En veux-tu un morceau?

- C'est vraiment dégueu, ce gâteau! s'exclame Louise.

- Je me suis dit la même chose hier...

Mon premier est le féminin de mou.

Mon second est plus pur à la campagne qu'en ville.

Mon tout est dans la bouche.

Le président d'une grande entreprise a la mauvaise habitude de se ronger les ongles.

- Tu devrais te mettre au yoga, lui suggère un de ses employés. Ça t'aiderait à gérer ton stress et tu arrêterais peut-être de te ronger les ongles...

Quelques semaines plus tard, l'employé constate :

- Tu ne te ronges plus les ongles! Je t'avais bien dit que le yoga était génial, non?

- Ce n'est pas tout à fait ça... Depuis que je fais du yoga, je peux atteindre mes ongles d'orteils...

VRAI OU FOU?

1- Autrefois, on appelait décrotteur une personne dont le métier était de décrotter les chaussures.

2- Un fugu est un champignon qui pousse entre les orteils.

3- Pétaloïde se dit d'une personne qui n'arrive pas à retenir ses pets.

19

Chaque année, une bataille de tomates est organisée à Buñol, une petite ville d'Espagne. Des milliers de jeunes prennent d'assaut la Plaza Mayor, qui devient un immense bol de sauce tomate...

André revient de l'école avec un œil tuméfié et son chandail plein de sang.

- Tu t'es encore battu! Je t'avais pourtant dit de prendre une grande respiration et de compter jusqu'à 10 avant de dire ou de faire quoi que ce soit...

- C'est ce que j'ai fait, maman! J'ai compté jusqu'à 10, mais Victor, lui, a compté jusqu'à 5!

- Tous les pays ont une capitale, lance l'enseignante. Pascal, peux-tu me dire quelle est la capitale du Canada?

- La capitale est « C », répond Pascal.

COMMENT SAIS-TU QUE LES CAROTTES SONT BONNES POUR LA VISION?

RÉPONSE : AS-TU DÉJÀ VU UN LAPIN AVEC DES LUNETTES?

Le 19 novembre, ne manquez pas la Journée mondiale des toilettes! Cette journée est l'occasion de militer pour obtenir l'égalité d'accès aux toilettes pour les femmes et pour obtenir plus d'aménagements spéciaux pour les personnes handicapées. Quand ça presse, ça presse!

Mon premier est le pluriel du mot mal.

Mon deuxième ne porte aucun vêtement.

Mon troisième ne dit pas la vérité.

Mon tout permet d'honorer quelqu'un.

Le Canada peut se vanter d'avoir la plus grosse pièce de monnaie au monde! Mesurant 50 cm de diamètre et 3 cm d'épaisseur, la pièce pèse 100 kg! Elle a été fabriquée avec de l'or pur à 99,999 % et vaut un million de dollars!

COMMENT DIT-ON EN ANGLAIS : MA TANTE
GERTRUDE NE VIENT PAS SOUPER CE
SOIR?

RÉPONSE : YEEESSSS!

Mon premier est notre seule
pièce de monnaie de couleur
brune.

Mon second est un pays
d'Europe où se trouve une
tour célèbre.

Mon tout est synonyme
de douleur.

27

Deux œufs se retrouvent dans une poêle.

- Tu ne pourrais pas t'étendre de ton côté?

- Aaah! Un œuf qui parle! répond l'autre.

QUEL EST LE MEILLEUR MOYEN DE PRENDRE UN POISSON?

RÉPONSE : ALLEZ AU MARCHÉ.

Madame Proulx explique à son médecin :

- J'ai beaucoup de gaz et c'est très inconfortable. Heureusement, mes pets ne font aucun bruit et ne sentent rien du tout. Par exemple, depuis que je suis entrée dans votre bureau, j'ai dû péter au moins dix fois!

- Madame Proulx, vous avez effectivement un problème... peut-être même deux. Je vous donne une boîte de pilules. Vous devez en prendre trois par jour avec de la nourriture. Revenez me voir quand la boîte sera vide, conseille le médecin.

Deux semaines plus tard...

- Docteur, depuis que j'ai pris vos pilules, j'ai toujours autant de gaz qu'avant. Mes pets sont toujours aussi silencieux, mais ils puent tellement... C'est si embarrassant! se plaint madame Proulx.

- Bon, je constate que vos problèmes de sinus sont réglés. Je vais maintenant essayer de régler vos problèmes d'oreilles...

On peut identifier des voleurs par leurs empreintes digitales… et parfois par leurs dents! Au Brésil, un homme a perdu son dentier en prenant la fuite après avoir volé un sac à main.

C'est un Québécois du nom d'Arthur Sicard qui a inventé la souffleuse à neige en 1920. Merci monsieur Sicard!

- J'ai un 100 % dans mon bulletin, raconte la petite Caroline à sa mère. Je t'avais bien dit de ne pas t'inquiéter!

- Dans quelle matière? demande sa mère sans cacher son étonnement.

- J'ai eu 50 % en français et 50 % en mathématiques!

Mon premier est une note de musique.

Mon deuxième est la cinquième voyelle de l'alphabet.

Mon troisième sert à faire des bougies.

Mon tout, c'est obtenir un bon résultat.

C'EST TOUJOURS BIENTÔT, MAIS JAMAIS MAINTENANT. QUAND ON Y ARRIVE, IL N'EST DÉJÀ PLUS... QUI SUIS-JE?

RÉPONSE : LE LENDEMAIN.

QU'EST-CE QUI EST GRIS, PÈSE DEUX TONNES, ET ROULE SUR DEUX ROUES?

RÉPONSE : UN ÉLÉPHANT SUR UNE MOTO!

QU'EST-CE QUI EST GRIS, POSSÈDE DE GRANDES OREILLES, ET MESURE DEUX MÈTRES?

RÉPONSE : UNE SOURIS SUR DES ÉCHASSES.

Mon premier est une syllabe du mot virement qui est aussi dans retourner.

Mon deuxième est un parasite qui vit sur la tête des humains.

Mon troisième est le résultat de l'opération 225 - 125

Mon tout est le contraire d'attirant.

QUELLE EST L'EXPRESSION PRÉFÉRÉE
DES VAMPIRES?

RÉPONSE : BON SANG!

COMMENT RECONNAÎT-ON UN IDIOT DANS
UN MAGASIN DE CHAUSSURES?

RÉPONSE : C'EST LE SEUL QUI ESSAIE
LES BOÎTES...

Un nouvel enseignant demande au directeur de l'école :

– Est-ce qu'il y a de la bonne nourriture à la cafétéria?

– Les aliments sont toujours bons... mais seulement avant que le chef mette la main dessus!

• •

– Dis-moi, Vincent, pourquoi je n'ai pas encore reçu ton bulletin?

– Je l'ai prêté à Julien pour qu'il fasse une mauvaise blague à son père...

Mon premier est le contraire
de dur.

Mon second est un gros poisson
que l'on achète souvent dans
une petite boîte de conserve.

Mon tout peut t'aider à trouver
le sommeil...

POURQUOI L'ÉLECTRICIEN A-T-IL QUITTÉ
LA FÊTE SANS DIRE AU REVOIR?

RÉPONSE : IL Y AVAIT TROP
D'ÉLECTRICITÉ DANS L'AIR...

QUEL PAIN SENT BON, MAIS A VRAIMENT MAUVAIS GOÛT?

RÉPONSE : LE PAIN DE SAVON.

QUELLE EST LA DIFFÉRENCE ENTRE UN JOUEUR DE TENNIS ET UN HOMME ASSIS AU RESTAURANT?

RÉPONSE : AUCUNE. LES DEUX ATTENDENT LE SERVICE...

Des centaines de millions de personnes ont téléchargé le jeu Angry Birds à l'échelle de la planète. Ils se servent de leur téléphone intelligent pour jouer n'importe où et n'importe quand. La salle d'attente du dentiste vous semblera plus amusante que jamais! À moins que votre père ne soit trop accro...

Après l'eau, le thé est la boisson
la plus consommée au monde.

- As-tu pris l'autobus? demande une mère à son fils.
- Non, pourquoi? A-t-il disparu?

POURQUOI LE VIOLON EST-IL SI TRISTE?

RÉPONSE : IL A UNE CORDE SENSIBLE...

POURQUOI DRACULA N'A-T-IL JAMAIS
ÉTÉ VU DANS UN VAISSEAU SPATIAL?

RÉPONSE : IL PRÉFÈRE LES VAISSEAUX
SANGUINS...

CONNAIS-TU L'HISTOIRE DE LA FILLE QUI
SE PROMÈNE SUR UNE TROTTINETTE À
RÉACTION?

RÉPONSE : MOI NON PLUS... ELLE EST
PASSÉE TROP VITE!

Pourquoi une coupe de cheveux pour enfant coûte-t-elle moins cher qu'une coupe pour adulte? Dans la plupart des cas, ce n'est pas moins de travail...

Les coiffeurs ne sont pas des
magiciens, mais pourtant...

En sortant d'un restaurant, Ariane demande à son père :

- Dis-moi, papa, ça goûte quoi une limace?

- Comment veux-tu que je le sache? Je n'en ai jamais mangé...

- Mais si, papa, il y en avait une dans ta salade!

PEUX-TU NOMMER UN JOUR DE LA SEMAINE QUI NE COMPORTE PAS LE SON « DI »?

RÉPONSE : HIER.

47

Des chercheurs estiment que
le poisson rouge aurait une mémoire
d'environ trois mois. Il serait aussi
sensible aux couleurs et aux sons.
Votre poisson rouge s'ennuie
peut-être dans son bocal...

Jérémie et Alice discutent :

- Moi, quand je mange trop de biscuits au sucre avant d'aller au lit, je n'arrive pas à m'endormir...

- Moi, j'ai le problème inverse : quand je dors, je n'arrive pas à manger de biscuits au sucre...

En Chine, mon premier est célébré en février ou en janvier.

Mon deuxième est une syllabe du mot karaté qui n'est pas dans carafe.

Mon troisième est la troisième lettre de l'alphabet.

Mon quatrième sert à mastiquer.

Mon tout est arrivé avant.

La plupart des animaux n'ont pas assez
de muscles dans leur visage pour
grimacer. Ce n'est pas le cas des
singes… et des humains qui aiment
copier les singes!

51

Au restaurant, un homme commande une soupe. Le serveur revient, un bol fumant dans les mains.

- Vos pouces trempent dans ma soupe! lance l'homme.

- Ne vous en faites pas pour moi, monsieur, j'ai l'habitude... et la soupe n'est jamais très chaude ici.

Un petit garçon vient tout juste de terminer sa première année d'école.

- Après seulement un an, je suis devenu meilleur que mon enseignante!

- Que veux-tu dire? demande sa mère.

- Moi, je vais en deuxième année, mais elle, on m'a dit qu'elle restait en première...

• •

L'enseignant de biologie demande à Julie :

- Peux-tu me nommer tous les os du crâne?

- Je les ai tous en tête, mais je ne me souviens plus de leurs noms...

POURQUOI GERMAIN MANGE-T-IL DES ESCARGOTS?

RÉPONSE : IL N'AIME PAS DU TOUT LA RESTAURATION RAPIDE.

Au restaurant, une dame riche demande :

- Monsieur, vous servez des crevettes?

- Madame, ici on sert tout le monde...

Mon premier est un rongeur nuisible.

Mon second est synonyme de cochon.

Mon tout est un compte-rendu.

• •

Mon premier est l'adjectif roux au féminin.

Mon second est un gaz malodorant...

Quand je fais mon tout, je suis impoli.

Ce n'est pas de la paresse,
mais plutôt une question de survie :
le paresseux ne lave pas sa fourrure.
Des algues microscopiques poussent sur
lui, ce qui lui donne une couleur
verdâtre et une odeur de moisi.
Parfait pour se camoufler!

Pour les chimpanzés, la toilette
est une activité de groupe
importante. Les uns lavent
les autres et vice-versa.

Mon premier est l'organe de l'odorat.

Mon deuxième dure 365 jours.

Mon troisième est le symbole mathématique d'une soustraction.

Mon tout est un adverbe synonyme de cependant.

Se masser le ventre aide
à la digestion...

Une lime et un citron discutent :

- Tu sais que tu es verte? demande le citron.

- Ah oui? En es-tu sûr? réplique la lime.

QUE DIT LE CHEVAL QUAND IL A FAIM?

RÉPONSE : J'AI L'ESTOMAC DANS L'ÉTALON.

À l'école de langues, le préposé demande à un jeune couple :

- Pourquoi souhaitez-vous apprendre à parler espagnol?

- Nous avons adopté un bébé espagnol et nous voulons être certains de comprendre ce qu'il dira quand il commencera à parler...

POURQUOI LE CLOWN EST-IL ALLÉ VOIR L'INFIRMIÈRE?

RÉPONSE : IL SE SENTAIT DRÔLE...

Pollution intérieure : avoir des plantes vertes dans sa maison permet d'améliorer la qualité de l'air.

Mon premier est la seule voyelle de l'alphabet entre les lettres p et x.

Mon second a cinq doigts.

Mon tout n'est pas un animal.

. . . .

Dans la religion catholique, Jésus est mort sur mon premier.

Mon second est le résultat de l'opération 76 + 24

Mon tout est le nom d'un petit pain au beurre.

QUEL EST L'ANIMAL QUI S'ATTACHE
LE PLUS À L'HOMME?

RÉPONSE : LA SANGSUE.

QU'EST-CE QUI EST ROUGE, VERT OU
JAUNE?

RÉPONSE : UNE POMME.

VINCENT, TORONTO

64

Pendant le repas, un petit garçon demande à son père :

- Papa, à l'école, tout le monde me dit que j'ai une grande bouche. Est-ce que c'est vrai?

- Mais non, ce n'est pas très gentil… Il faut oublier tout ça. Maintenant, prends ta pelle et mange ta soupe!

Il est mauvais pour la santé de consommer trop de caféine. Irritabilité, nervosité et troubles du sommeil figurent parmi les effets secondaires les plus courants. Un manque de caféine peut avoir autant d'effets…

Luc raconte à son père :

- Papa, je ne savais pas que nos voisins étaient si pauvres…

- Ils ne sont ni riches ni pauvres, explique le père.

- Tu te trompes. Je les ai vus complètement paniqués parce que Marie avait avalé une pièce d'un dollar…

• •

Essaie de lire cette phrase rapidement :

Si six scies scient six cyprès, six cent six scies scient six cent six cyprès.

En se promenant sur un crâne chauve, une maman pou en profite pour expliquer à son petit pou :

- Voici une belle occasion de te montrer les dommages causés par l'érosion. Autrefois, quand on marchait ici, c'était la brousse. On avait du mal à circuler. Maintenant, c'est devenu un désert…

Pour se nourrir, le panda géant peut manger jusqu'à 40 kg de bambou par jour!

VRAI OU FOU?

1- Un motteux est un oiseau.

2- Une épaufrure est une
blessure infligée avec une épée.

3- Une talmouse est une souris
blanche de laboratoire.

Un Chinois de 32 ans a fait fortune en vendant des dizaines de milliers de répliques de la bague de fiançailles de Kate Middleton.

QUELLE EST LA DIFFÉRENCE ENTRE L'ÉCOLE ET UNE PILE?

RÉPONSE : LA PILE A UN CÔTÉ POSITIF...

- Si je commande de la pizza, est-ce que ce sera long? demande Lisa au serveur.

- Ici, madame, nos pizzas ne sont pas longues. Elles sont rondes...

POURQUOI LE JARDINIER NE SE LAVE-T-IL PLUS LES MAINS?

RÉPONSE : IL VEUT GARDER SON POUCE VERT...

QUEL EST LE COMBLE DE LA TRISTESSE POUR UN NUAGE?

RÉPONSE : C'EST D'ÉCLATER EN SANGLOTS.

Martin arrive en retard à la partie de soccer de son fils. Il s'assoit dans les gradins :

- Quel est le pointage? demande-t-il à son voisin.

- C'est 5 à 4, répond l'homme.

- Qui gagne alors? s'impatiente Martin.

- C'est évident! L'équipe qui a 5!

75

Mon premier est le contraire
de sous.

Mon deuxième se passe de la
naissance à la mort.

Mon troisième souffle parfois
trop fort.

Mon tout n'est pas mort.

Chez le dentiste :

- Madame, vous ne pouvez pas me payer avec de faux billets!

- Pourquoi pas? Vous m'avez bien posé des fausses dents!

POURQUOI LA COUTURIÈRE CROIT-ELLE POSSÉDER DES POUVOIRS MAGIQUES?

RÉPONSE : ON N'ARRÊTE PAS DE LUI DIRE QU'ELLE A DES DOIGTS DE FÉE...

Mon premier est le contraire de la mort.

Mon deuxième couvre environ 70 % de la Terre.

Mon troisième est le contraire de vite.

Mon tout est menaçant.

· ·

On obtient mon premier en mélangeant du noir et du blanc.

Mon second est la 16e lettre de l'alphabet.

Mon tout te fait parfois garder le lit.

Des chercheurs ont découvert que
boire un demi-litre de jus de
betterave par jour permettrait
aux athlètes d'améliorer
leurs performances.

Mon premier dure 12 mois.

Mon second est une grande soirée de danse.

Mon troisième va à la vitesse d'une tortue.

Mon tout est synonyme d'excitant.

POURQUOI LE JARDINIER SE PROMÈNE-T-IL TOUT NU DANS SON POTAGER?

RÉPONSE : IL ESSAIE DE FAIRE ROUGIR SES TOMATES...

Le dentiste explique à son client :

- J'ai une bonne et une mauvaise nouvelle pour vous.

- Commencez par la mauvaise, s'il vous plaît.

- Je dois vous arracher quatre dents.

- Et la bonne?

- Vos autres dents vont bientôt tomber toutes seules et ça ne vous coûtera rien...

82

Un merle rencontre un autre merle.

- Salut l'ami! Tu viens prendre un ver?

Tu te crois atteint de *dinophobie*?
Rassure-toi, ta crainte exagérée des
dinosaures ne devrait pas t'empêcher
d'aller à l'école aujourd'hui.

Petit Pierre joue avec une allumette.

- Maman, mon allumette ne veut pas s'allumer! Elle fonctionnait pourtant très bien il y a une minute…

· ·

Le médecin s'adresse à la mère de Jules :

- Arrive-t-il à Jules de parler tout seul?

- Comment voulez-vous que je le sache? Je ne suis pas là quand il est seul!

Les Canadiens de Montréal ont gagné
leur première coupe Stanley en 1916.
La nuit après la victoire, la femme du
gardien de but de l'équipe, Georges Vézina,
accouchait d'un garçon. Clic! Le bébé a été
photographié dans la coupe! Il s'agit de
la première photo connue d'un bébé dans
la coupe Stanley.

En 2006, après avoir gagné la coupe Stanley avec les Hurricanes de la Caroline, Doug Weight, sa femme et leurs trois enfants ont savouré la victoire en remplissant la coupe de crème glacée et de sauce au chocolat.

Mon premier est un instrument
de musique qu'on dit français
ou anglais.

Mon deuxième sent mauvais.

Mon troisième est le contraire
de rapide.

Mon tout souffre d'embonpoint.

Deux jeunes Montréalais ont inventé un chalet pour chats fait à 100 % de matières recyclées et recyclables. Votre félin pourra désormais prendre des vacances au chalet sans quitter votre foyer...

Une vache rencontre une autre vache dans le pré.

- Dis donc, ça ne t'inquiète pas toutes ces histoires de maladie de la vache folle? Ce n'est pas drôle du tout!

- Pourquoi je m'inquièterais? Je suis une chèvre...

QUE FAIS-TU SI UN BERGER ALLEMAND VOLE TON STEAK?

RÉPONSE : TU LE LAISSES TERMINER...

POURQUOI LE CUISINIER ENLÈVE-T-IL TOUJOURS SES CHAUSSURES?

RÉPONSE : IL N'ARRÊTE PAS DE SE METTRE LES PIEDS DANS LES PLATS.

QUE DIT-ON D'UN CUISINIER DE MAUVAISE HUMEUR?

RÉPONSE : IL N'EST PAS DANS SON ASSIETTE.

JE SUIS BEAU ET FORT. JE SUIS LE PLUS AIMABLE ET LE PLUS INTELLIGENT DE MA RACE. QUI SUIS-JE?

RÉPONSE : UN MENTEUR!

POURQUOI UNE MAMAN VAMPIRE A-T-ELLE ÉTÉ HOSPITALISÉE D'URGENCE?

RÉPONSE : ELLE SE FAISAIT DU MAUVAIS SANG, CAR ELLE ÉTAIT « SANG » NOUVELLES DE SA FILLE.

94

Dans le sud des États-Unis, un homme a été arrêté pour vol à l'étalage dans une épicerie. Il avait caché deux sacs de crevettes, deux homards vivants et une longe de porc dans son pantalon...

Mon premier est le contenant dans lequel on met ses matières recyclables.

Mon deuxième se boit chaud ou froid.

Mon troisième est une céréale très prisée en Asie.

Mon tout peut te rendre malade.

Comment un monstre fait-il pour compter jusqu'à 17?

Mon premier est préparé avec de la farine, de la levure, du sel et de l'eau.

Mon second est le résultat de l'opération 21 + 9 - 23

Mon tout est un instrument qui sert à manipuler des petites choses.

• •

Mon premier est une pièce de jeu à six faces.

Mon deuxième est le contraire de rude.

Mon troisième est une céréale qui permet de fabriquer du pain.

Mon tout se divise en deux parties.

POURQUOI N'Y A-T-IL PAS DE VAMPIRES
AU PÔLE NORD?

RÉPONSE : ILS N'AIMENT PAS LES
SUCETTES GLACÉES.

QUEL EST L'AVANTAGE D'ÊTRE
INTELLIGENT?

RÉPONSE : ON PEUT FAIRE SEMBLANT DE
NE PAS L'ÊTRE...

101

CONNAIS-TU UN ANIMAL QUI MANGE AVEC SA QUEUE?

RÉPONSE : AUCUN N'ENLÈVE SA QUEUE POUR MANGER.

POURQUOI LE CONCIERGE MET-IL DES HABITS NEUFS POUR TRAVAILLER?

RÉPONSE : IL NE VOUDRAIT SURTOUT PAS AVOIR L'AIR D'UNE GUENILLE.

Partout dans le monde, de vieilles lois restent en vigueur même si elles ne sont plus appliquées. Dans la ville de Gary, en Indiana, il est interdit d'aller au théâtre moins de quatre heures après avoir mangé de l'ail...

- Je croyais que tu voulais commencer à faire du ski nautique? demande Martine à Juliette.

- Je veux bien, mais je cherche toujours un lac qui descend...

• •

- Que faire? se plaint Marie. Mon petit ami m'offre toujours des fleurs fanées!

- C'est facile! Arrive à temps à tes rendez-vous, suggère Monique.

Une petite olive pleure...

- Pourquoi es-tu si triste?
lui demande sa voisine.

- Ma maman est allée à un
banquet et elle n'est jamais
revenue...

• •

Deux tigres discutent devant
une trousse médicale :

- On avait raison de dire que
c'était un bon vétérinaire...

- Dommage qu'il n'en reste plus...

100 blagues! Et plus...
N° 29
© Éditions Scholastic, 2012
Tous droits réservés
Dépôt légal : 1er trimestre 2012

ISBN 978-1-4431-1669-5
Imprimé au Canada   117

Éditions Scholastic
604, rue King Ouest
Toronto (Ontario)
M5V 1E1
www.scholastic.ca/editions

100 blagues! Et plus...
N° 29

Blagues et devinettes
Faits cocasses
Charades

Illustrations :
Dominique Pelletier

Compilation :
Julie Lavoie